M. L'ABBÉ
JEAN-MARIE LAURENT

FONDATEUR

DES SŒURS GARDES-MALADES DES PAUVRES ET DES ORPHELINS

PAR

L'ABBÉ VICTOR MARTIN

DOCTEUR ÈS LETTRES
PROFESSEUR AUX FACULTÉS CATHOLIQUES D'ANGERS

**Se vend
au profit des orphelinats de M. Laurent.**

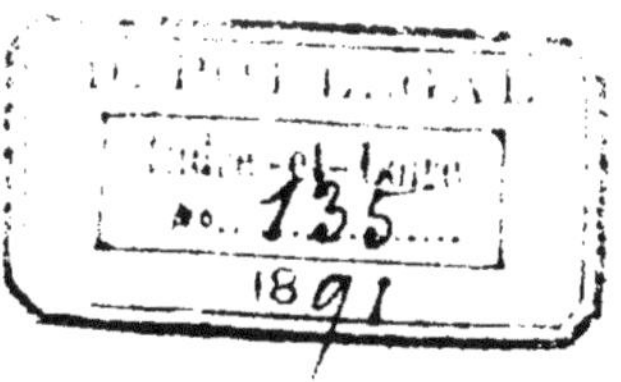

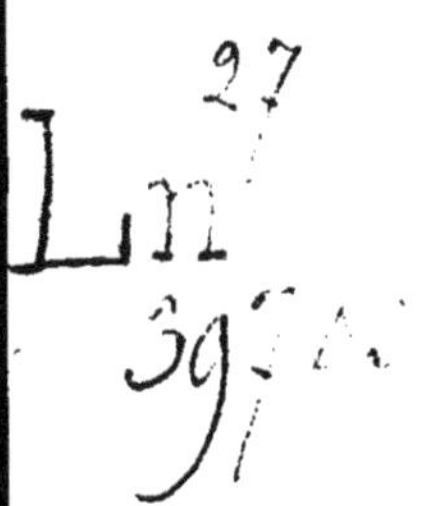

TOURS

IMPRIMERIE A. MAME ET FILS

1891

M. L'ABBÉ
JEAN-MARIE LAURENT

I

Le 24 octobre.

Le vendredi 24 octobre 1890, dans les chemins de Grillaud, aux portes de Nantes, se pressait une foule désolée, escortant un convoi funèbre. Prêtres, religieux et religieuses, bourgeois, ouvriers, femmes du monde et femmes du peuple, jeunes filles, petits enfants, s'unissaient pour rendre un dernier hommage à un modeste prêtre. Ce prêtre n'occupait ni un poste envié, ni une charge éminente; ni le monde ni l'Église ne l'avaient comblé d'honneurs. Et cependant son cortège funèbre semblait un cortège triomphal. Qu'avait-il donc été? qu'avait-il donc fait?

Né sans aucune fortune et n'ayant guère songé à s'enrichir, mais doué d'une âme compatissante, d'un cœur généreux, il avait donné aux petits et aux humbles son cœur, son âme, sa vie. Voilà pourquoi toute cette foule se trouvait là. En tête du cortège marchaient les orphelins que ce prêtre élevait, les Sœurs qu'il avait données pour mères à ces orphelins. Les Sœurs pleuraient; des yeux des orphelins tombaient des larmes ; et, à la suite du convoi, hommes, femmes, vieillards eux-mêmes, cachaient mal leur émotion.

Nous assistions aux obsèques de M. l'abbé Laurent, fondateur des *Sœurs Gardes-Malades des pauvres et des orphelins*, ou, pour parler comme la foule, « nous enterrions le bon Père! » — Le *bon Père!* Dans sa famille religieuse, c'était son titre; pour des milliers de pauvres gens, c'était son nom unique. Et songeant à tout ceci pendant cette longue marche vers la tombe, nous nous rappelions les célestes paroles de l'ange à Tobie, paroles que ce jour-là précisément (fête de l'ange Raphaël) l'Église, dans son divin office, mettait sur nos lèvres : « Mieux vaut faire l'aumône qu'entasser des monceaux d'or; car l'aumône délivre de la mort éternelle; elle efface les péchés; elle fait trouver la miséricorde et la vie qui ne finira pas : *Eleemosyna magis quam thesauros auri recondere; quoniam eleemosyna a morte liberat, et ipsa est quæ purgat peccata, et facit invenire misericordiam et vitam æternam.* » (Tob., XII, 8.)

II

L'enfance. — La première communion.

Jean-Marie-Pierre Laurent naquit à Herbignac, diocèse de Nantes, le jour de la Saint-Pierre, 29 juin 1822. Son père, Jean Laurent, modeste maçon, était un excellent chrétien, à la foi antique. Sa mère, Jeanne-Élisabeth Yvon, douée de qualités supérieures à sa fortune, inspirait à ses enfants une véritable vénération; Jean-Marie surtout garda pour elle une admiration singulière, l'entoura d'une sorte de culte. Et n'était-ce pas justice? A qui, sinon à sa mère, après Dieu, devait-il ces germes féconds de foi, de piété, de charité, de loyauté, qui décidèrent de toute sa vie?

A sept ans, Jean-Marie dit à son père : « Je veux être prêtre! » — « Oui, disait-on à Herbignac, ce petit sera prêtre un jour! » Jean-Marie, en effet, joyeux enfant au frais visage épanoui, montrait déjà un esprit vif et prompt, une mémoire tenant du prodige, une âme franche et droite, un cœur ouvert à tous les sentiments généreux. Il priait avec une ferveur angélique. Un secret instinct l'attirait vers le sanctuaire. A huit ou neuf ans, chargé, après la classe du soir, d'aller conduire les vaches au pré et de les y garder, il s'acquittait au mieux de la première partie de sa tâche; après quoi, confiant les bonnes bêtes à la Providence, il s'esquivait furtivement d'un pas leste, et courait à l'église faire son *Chemin de la Croix*.

Le curé d'Herbignac était alors M. Malenfant, celui-là même qui devint curé de Saint-Similien, et dont la mémoire vénérable est restée entourée d'un respect si profond. M. Malenfant prépara son jeune paroissien à sa première communion. De cette communion il est resté un souvenir, — souvenir d'une simplicité gracieuse, conservé par une chrétienne qui avait alors huit ans. — Notre Jean-Marie, revenu de la sainte table, avait repris sa place à son banc, et il faisait, à genoux, son action de grâces. Sa ferveur était grande, si grande, qu'elle ne put rester muette : « O mon Dieu, dit-il tout à coup, je vous remercie! Quand donc serai-je prêtre aussi, moi, pour vous donner aux autres! » Les jeune communiants qui l'entouraient furent tout surpris et tout émus ; au sortir de l'église ils répétèrent ces pieuses paroles, et leurs mères s'écriaient, charmées et presque jalouses : « Est-elle heureuse, Babette (Élisabeth) ! voilà pourtant ce qu'a dit son petit Jean-Marie ! »

III

Les études.

L'année suivante, après la seconde communion, les saints désirs de l'enfant se manifestèrent de plus en plus. « Il faut décidément que Jean-Marie soit prêtre, dit le curé aux parents ; il est temps de le mettre au collège. » L'honnête maçon hésitait ; pour nourrir sa famille, il n'avait que ses bras. Réduit à ses seules ressources, il sentait que les longues années de séminaire seraient pour lui une charge bien lourde. Néanmoins la voix de son curé lui semblait la voix du Ciel ; il se confia en Dieu, et Jean-Marie partit pour le petit séminaire de Guérande.

Il entrait en huitième. Ses succès furent si rapides, que bientôt on le jugea trop fort pour ses jeunes concurrents. A Pâques, il monta en septième. Dans cette nouvelle classe, il étonna encore par ses promptes victoires ; si bien qu'au grand jour de la distribution des prix, notre Jean-Marie eut un honneur bien rare, l'honneur d'être félicité publiquement par le vénérable supérieur du séminaire. A la distribution assistait le père du lauréat, ce simple et digne chrétien qui, dix mois plus tôt, se demandait, dans une anxiété bien légitime, s'il fallait mettre Jean-Marie aux études. Quand, au milieu des applaudissements de la foule, le brave Laurent entendit louer son garçon, il lui fut impossible de contenir sa joie, et, se dressant tout debout, il poussa, dans la langue d'Herbignac, cette exclamation, qui ne fit pleurer personne : « Ah! le petit b...! Puisque c'est comme ça, il reviendra l'année prochaine, quand je devrais vendre une vache! »

A Guérande, Jean-Marie Laurent fit de solides et brillantes études. Toujours à la tête de sa classe, il se donnait parfois le plaisir d'étonner maîtres et condisciples par quelque preuve surprenante de son extraordinaire mémoire. Cicéron raconte qu'Hortensius, son rival en éloquence, avait une mémoire qui jetait dans la stupeur. Hortensius, un jour, avait assisté à une enchère publique. Le soir, il s'amusa à raconter à ses convives tous les noms des nombreux acheteurs, rappelant en outre tous les objets vendus et toutes les mises successives, dans l'ordre où elles avaient été faites. De Jean-Marie Laurent on nous a cité ce trait. Il avait en mains un volume de géographie. Il en lut attentivement une longue page contenant une multitude de noms propres, noms de provinces, de villes, de fleuves, etc.; puis, tout à coup : « Parions, dit-il, que je vous récite tous ces noms à la file! » Le pari fut tenu, et il le gagna.

Voici un trait de date bien plus récente :

A deux de ses amis revenant d'une excursion en Savoie : « Vous êtes allés de Genève à Chamonix? dit-il.

— Oui, monsieur Laurent.

— Par le lac?

— Oui.

— Alors vous avez vu à gauche Coppet, Nyon, Rolle, Morge?

— Ah ! Père Laurent, vos souvenirs sont bien précis.

— Et après Morge, vous avez vu Ouchy-Lausanne, Vevey, Clarens, Chillon... Oh ! j'oubliais Montreux ! Après le lac, le long du Rhône, vous avez traversé Bex, Saint-Maurice... »

Et s'interrompant tout à coup avec un joyeux éclat de rire : « Savez-vous, fit-il, comment j'ai voyagé en Savoie? En lisant un jour, je ne sais où, un Guide Joanne ! »

Sa rhétorique achevée, Jean-Marie vient à Nantes, à la Maison de Philosophie. Sa vocation s'y décide sans retour. Il reçoit la tonsure (décembre 1842), et l'année suivante entre au grand séminaire. A la fin de son cours de théologie, il était diacre (1846).

IV

Le professeur. — Le vicaire.

Mgr de Hercé nomma M. Laurent professeur à Guérande. Là, un an plus tard, on lui confiait la classe de quatrième. C'était une preuve de l'estime que ses talents inspiraient; car, à cette époque, la quatrième jouissait dans les maisons diocésaines d'un prestige qui aujourd'hui s'est un peu éclipsé. Tout ce qui est rare est précieux; or, en ce temps-là, le diocèse ne possédait que deux chaires de quatrième, l'une à Guérande, l'autre à Nantes.

M. Laurent était donc fier de son poste, et plus fier encore de ses élèves. « C'est moi qui ai la meilleure classe, » disait-il avec son joyeux rire. Ses élèves ne l'oublièrent point, et il ne les oublia jamais. Du reste, il ne devait pas de longtemps en avoir d'autres aussi bien à lui, car dès l'année suivante il allait être chargé d'un cours spécial.

Quelques semaines seulement s'écoulent, et le jeune professeur est obligé de retourner au grand séminaire pour y suivre le cours préparatoire à la prêtrise. Le 18 décembre (1847), Mgr de Hercé lui confère l'ordination sacerdotale. Avec quelle foi, avec quel cœur M. Laurent reçut cette grâce sublime, la suite de sa vie le montrera.

L'année 1848 amène la révolution de février, puis une révolution d'un autre genre : Guérande perd ses hautes classes. M. Laurent est envoyé à Nantes. Il devient, au petit séminaire, professeur d'histoire. Une telle nomination semblait indiquée d'avance; car où trouver un professeur doué d'une pareille mémoire, d'une mémoire retenant les moindres faits, les moindres dates?

M. Laurent (il en donna la preuve plus tard) avait pour l'enseignement de très rares aptitudes. Mais il se croyait appelé à un ministère différent. Il ne resta que deux ans au petit séminaire, et fut nommé vicaire à Saint-Nicolas-de-Redon. Là encore il ne demeura que deux années; il aspirait à autre chose; il rêvait les contrées lointaines et voulait être missionnaire. Mgr Jaquemet n'approuva pas ce projet, mais il nomma M. Laurent vicaire à Notre-Dame de Bon-Port (1852).

A Notre-Dame, M. Laurent va découvrir sa vocation véritable.

Quatre années s'écoulent au milieu des fonctions ordinaires du ministère paroissial. Rien absolument ne permet de prévoir quel instrument à part le jeune vicaire sera entre les mains de Dieu. C'est un homme de belle taille, dans toute sa force, visage épanoui, gros yeux très vifs et toujours en mouvement, allure décidée, voix éclatante, rire sonore. Pas le moindre air d'un mystique. Les dévotes ne l'entourent guère, et le confessionnal lui laisse des loisirs. Mais que les apparences sont trompeuses ! M. Laurent est dévoré d'une secrète inquiétude; il brûle de se rendre utile. De quel côté tourner son zèle?

V

Les commencements d'une fondation.

Or voici qu'en 1856 un dominicain vient prêcher le carême à Notre-Dame de Bon-Port. M. Laurent s'entretient longuement avec ce religieux et se fait admettre par lui dans le tiers ordre de Saint-Dominique. Jadis, au XIIIe siècle, saint Dominique, avec saint François d'Assise, remit en honneur l'amour de la sainte pauvreté. Il enflamme de cet amour surhumain le cœur de son nouveau fils; et tout à coup, un beau dimanche de carême, après s'être entendu avec les bons Frères du quartier (rue de la Rosière), M. Laurent rassemble dans une classe des Frères vingt ou trente pauvres. A ces pauvres il adresse une allocution toute populaire; il leur parle du bon Dieu, les encourage, les console, puis leur distribue des bons de pain. En les congédiant, il les invite à revenir dans quinze jours. L'invitation est accueillie volontiers. Quinze jours après, nouvelle réunion, nouvelle allocution et nouvelles largesses. Tel est le simple début d'une œuvre d'où sortiront de si admirables résultats.

C'était, disions-nous, au printemps de 1856. N'oublions pas cette date; les anges l'ont inscrite au paradis.

Les réunions, dites de la *Sainte-Famille*, le dimanche après vêpres, attirent aussitôt rue de la Rosière les bonnes personnes du quartier. Ceci donne l'idée de faire chaque fois une petite quête. Il y a là d'honnêtes ouvrières, de braves domestiques qui ne refusent jamais leur sou. La quête, augmentée par la bourse du vicaire, se transforme en bons de pain, en sabots, distribués séance tenante. Mais parmi les assistés plusieurs tombent malades. M. Laurent va les voir, les secourt de son mieux, leur procure linge, bouillon, remèdes. Des domestiques dévouées offrent leur concours. Le vicaire les exhorte à solliciter dans leurs riches maisons les restes de la table des maîtres. Le conseil est suivi, et, à leurs moments libres, ces bonnes filles, munies d'utiles provisions, courent au chevet des indigents.

Quelques-unes de ces généreuses chrétiennes se signalent entre toutes par leur intelligente et infatigable charité. M. Laurent se sent inspiré de réclamer d'elles un sacrifice qui touche à l'héroïsme : « Cessez de servir les riches, leur dit-il, et donnez-vous uniquement à nos malades. C'est à Dieu que vous vous donnerez. » Cet appel est entendu. Le 11 mai 1856, M. Laurent a sa première *Sœur*. Un mois après, une seconde Sœur se présente, et presque aussitôt une troisième.

Où les installer toutes les trois? M. Laurent leur loue un logis rue Dobrée. Ce n'est pas un palais, tant s'en faut! Le loyer ne monte qu'à quatre-vingts francs. Mais l'espace manque; il est nécessaire de chercher un autre asile; la petite communauté se transporte rue Sainte-Marie.

L'œuvre des *Gardes-Malades des pauvres* se trouve fondée!

VI

Un premier malade.

Comment M. Laurent forme-t-il ces Sœurs nouvelles? Quelle tâche leur donne-t-il, et comment comprend-il cette tâche?

Écoutons le récit d'une de ces dévouées ouvrières de la première heure.

« M. Laurent, nous raconte-t-elle, était vicaire à Notre-Dame, et nous avait déjà installées rue Sainte-Marie. Un jour, on vient le prier d'aller voir un malade ; ce malade va mourir, et il ne veut ni sacrements ni prêtre. C'est un malheureux jeune homme de dix-neuf ans, un poitrinaire. M. Laurent court vers la maison indiquée, misérable maison, dans un triste quartier. Au fond d'une ruelle, un jardinet ou cour, puis un logis où l'on grimpe par une quinzaine de marches en bois, sorte d'échelle vermoulue. Sous le toit est une pauvre chambre; dans cette chambre, sur un matelas en loques, gît le malade. M. Laurent se présente. Le poitrinaire, de ses grands yeux qu'allume la fièvre, regarde, très étonné, son visiteur inattendu. M. Laurent essaye d'engager la conversation ; il y met tout son cœur, toute sa cordiale pitié. C'est en vain. « Laissez-moi tranquille ! » telle est l'unique réponse du malade. M. Laurent redescend navré, puis, tête basse, retourne rue Sainte-Marie. La première Sœur qu'il rencontre, c'est moi. « Ma fille, me dit-il, allez vite telle rue, tel numéro. Il y a là un jeune homme, un poitrinaire, qui se meurt; il se meurt sans secours d'aucun genre. Soignez-le de votre mieux, et décidez-le à se confesser. Moi, j'y ai perdu mon latin. »

« Je pars aussitôt, continue la Sœur, mais toute saisie; car j'étais bien jeune alors, et c'était mon premier malade. Aussi n'ai-je rien oublié. Je trouve la ruelle, le logis, l'escalier de bois. Je monte, et en entrant je dis bonjour. Le malade me regarde, bien surpris, m'examine sans rien dire. Moi aussi j'examine tout. « Quoi! dis-je, vous n'avez point de drap! Vous seriez bien mieux à l'hospice. Voudriez-vous y aller? — Non, répondit-il, jamais! J'aime mieux mourir ici dans ma misère. »

« Je le regarde, toute désolée.

« — J'ai grand'soif! » fait-il.

« Je cherche de quoi lui donner à boire. Il n'y avait là qu'une *bue*, à moitié pleine d'eau; ni tasse, ni verre. Un morceau d'écuelle se rencontre; j'y verse un peu d'eau, et je fais boire mon jeune homme.

« — Merci! » me dit-il, et une larme roule dans ses yeux. Je le console : « Ayez bon courage; je vais revenir tout à l'heure. » Et je m'en vais en hâte quêter une paire de draps que je rapporte sans tarder.

« Que vous dirais-je de plus? Pendant un mois je soignai mon poitrinaire, lui apportant chaque jour les petites douceurs que la charité me fournissait. Quand je le vis approcher de sa fin : « Mon pauvre ami, lui dis-je, vous êtes bien fatigué; il faudrait penser à votre âme. Vous avez fait votre première communion. Ne voulez-vous pas que je vous amène un prêtre? Je vous en prie! »

« Il me regarda longtemps. J'étais bien émue, et je joignais les mains.

« — A vous, me dit-il, on ne peut rien refuser! Amenez-moi le prêtre qui est déjà venu une fois; il me va; il a l'air brave homme. » J'allai en hâte chercher M. Laurent. Notre poitrinaire se confessa, reçut tous ses sacrements si dévotement, qu'on en pleurait. Il vécut encore deux jours. Au dernier moment :

« — Ma sœur, murmura-t-il, arrangez-moi bien pour mourir. — Vous êtes très bien comme cela, » dis-je les larmes aux yeux. Il me regarda encore, d'un air si doux! et ce fut la fin. »

« A vous on ne peut rien refuser ! » Ce mot du pauvre poitrinaire inspira sans doute cette page d'une simplicité si touchante, rédigée plus tard par M. Laurent pour ses religieuses :

« Pour convertir les pauvres malades, il faut d'abord gagner leur confiance, en leur prodiguant tous les soins que leur prodiguerait la meilleure des mères, et en leur montrant toutes les qualités que doit avoir une excellente garde-malade. Après quoi il faut leur parler du bon Dieu ; et voici une bonne manière d'entrer en matière :

« Mon ami, direz-vous, vous avez l'air content de mes services. Sans moi, vous seriez peut-être bien abandonné. Eh bien, connaissez-vous Celui qui m'a indiqué votre demeure, et m'a dit de venir vous soigner? Vous avez l'air de ne pas le connaître. Pour moi, je le connais très bien, et je vais vous dire son nom. Celui qui m'a envoyé vous soigner, c'est le bon Dieu ! Si je n'aimais pas le bon Dieu, si je ne voulais pas obtenir la récompense qu'il promet à ceux qui ont soin de ses pauvres, je n'aurais pas quitté mes parents afin de venir vous assister, vous, un étranger pour moi. J'aurais fait comme tant d'autres; je vous aurais laissé souffrir tout seul entre vos quatre murailles. Voyez donc comme le bon Dieu a soin de vous ! Est-ce que vous ne devez pas une petite reconnaissance au bon Dieu? Les hommes vous abandonnent, Dieu ne vous abandonne pas.

Faites donc bien ce qu'il vous dit par mon entremise. Vous savez bien ce qu'il vous demande. »

« Alors vous entendrez sortir de la bouche de ce pauvre malade les paroles que vous connaissez déjà :

« — Eh bien, ma sœur, vous le voulez ! comme vous voudrez ! Je ne veux pas vous faire de la peine. Amenez-moi un prêtre, je veux bien me confesser. » Voilà comment les bonnes religieuses convertissent les pauvres pécheurs. »

VII

Comment naît un orphelinat. — Les *tantes*.

Nous venons de faire connaître les origines de l'*Œuvre des Gardes-Malades des pauvres*. Une autre œuvre naissait en même temps, naissait toute seule, s'imposant presque à l'âme compatissante du vicaire de Notre-Dame.

Les premières Sœurs venaient de s'installer rue Sainte-Marie. Quelques jours seulement s'écoulent, et M. Laurent rencontre dans la rue un tout petit Breton en guenilles.

« J'ai grand'faim ! » gémit l'enfant.

Le prêtre le regarde et s'émeut.

« Où demeures-tu ?

— Je ne sais pas.

— Où sont tes parents ?

— Ils sont morts.

— Viens avec moi. » Et le vicaire emmène l'enfant à la maison de la rue Sainte-Marie.

« Mes bonnes filles, dit M. Laurent, voici un jeune moineau tombé du ciel; faisons-lui un nid. »

Le lendemain, M. Laurent se heurte sur le trottoir à un petit saltimbanque. Une courte scène se passe, toute semblable à celle de la veille. « Cela fera deux, dit le prêtre; le bon Dieu nourrit les petits oiseaux! »

Ainsi Dieu dirige, modifie, complète les pensées humaines. Les nouvelles Sœurs auront une double tâche à laquelle personne n'avait songé : elles seront gardiennes de malades pauvres; elles seront aussi mères d'orphelins.

Quand nous disons *mères,* il faut s'entendre. Elles eurent d'abord un autre titre, titre très imprévu, dû à la naïve simplicité d'un enfant. Le petit Breton, regardant la chrétienne qui lui mettait en main, pour la première fois, une belle tartine, s'écria tout reconnaissant : « Merci, *ma tante!* » M. Laurent poussa un éclat de rire. « *Ma tante!* fit-il, pas mal trouvé! C'est qu'en effet vous n'avez pas encore l'habit religieux; ce petit n'ose vous appeler ni *ma Sœur,* ni *ma Mère.* Eh bien, soit! Mes filles, jusqu'à nouvel avis, gardez le nom que cet enfant vous a donné. »

Six mois plus tard, quand, à travers la ville, passait en bon ordre une troupe d'enfants à la mise simple et propre, escortés de deux humbles femmes en robe noire et en coiffe blanche, le peuple disait avec un accent sympathique : « Ah! voilà les *neveux* et les *tantes* de M. Laurent! »

VIII

Mgr Jaquemet. — La Garenne et Grillaud. — Pie IX.

L'asile qui semblait s'ouvrir rue Sainte-Marie se vit bientôt offrir d'autres enfants. M. Laurent eut alors un moment d'anxiété très vive. Son but premier et unique avait été de secourir les malades pauvres. Était-il sage d'essayer en même temps une œuvre tout autre? Mais comment fermer la porte à ces petits abandonnés qui arrivaient? A leur vue, M. Laurent sentait son cœur tressaillir, et il se disait : « Oui, si Dieu le permet, je leur viendrai en aide; mais le puis-je maintenant? »

Dans cette angoisse, le digne prêtre se confia en la haute sagesse de son évêque. Il exposa ingénument à Mgr Jaquemet l'état des choses. Mgr Jaquemet garda d'abord le silence, réfléchit quelques instants, puis fit cette réponse : « L'Œuvre des malades pauvres est d'une utilité manifeste; une œuvre en faveur des orphelins ne sera pas moins utile; c'est Dieu lui-même, tout permet de le croire, qui vous en a donné la pensée. Cette pensée est déjà pour vous une grande grâce; si vous ne correspondez pas à cette grâce, un autre la recevra et produira les fruits de bénédiction qui vous étaient réservés à vous-même. Suivez donc l'attrait divin, et abandonnez-vous à la Providence. J'ai béni déjà votre Œuvre des Gardes-Malades; je bénis d'avance votre œuvre future des Enfants délaissés. »

Cette décision de Mgr Jaquemet leva tous les doutes. M. Laurent ouvrit sa maison aux orphelins.

Avec eux entrèrent les bénédictions divines. « Oui, nous disait, en se rappelant le passé, une de celles qui eurent à l'œuvre la principale part; oui, au commencement nous avions peur de prendre des orphelins, et ce sont les orphelins qui nous ont sauvées ! »

Les premiers enfants recueillis furent tous, dans le principe, reçus par pure charité. Ils n'apportaient pour toute ressource que leur excellent appétit. La Providence fournit le reste. La vue de ces pauvres enfants provoqua des sympathies généreuses. L'orphelinat de la rue Sainte-Marie put vivre, et non seulement il vécut, mais il en suscita un autre. Avant la fin de cette année 1856, quelques-unes des nouvelles Sœurs s'établirent rue Saint-Clément; elles soignèrent les pauvres malades du quartier et abritèrent bientôt sous leur toit vingt à vingt-cinq enfants. Pendant ce temps-là, la maison de la rue Sainte-Marie se remplissait si bien, qu'elle devenait trop étroite. Il fallut en chercher une plus vaste; on se transporta rue des Coulées.

Ainsi le vicaire de Notre-Dame avait déjà deux établissements à gouverner et à soutenir. Ce n'était pas petite affaire. Loin de s'effrayer, M. Laurent triomphait. « On m'offre partout des orphelins, disait-il; je voudrais les prendre tous, mais je ne sais où les mettre. » L'idée lui vint de créer une sorte de colonie agricole; « il achèterait ou louerait près de Nantes quelques hectares de terre; là, il y aurait place pour beaucoup de monde. » L'essai est bientôt tenté. M. Laurent achète la propriété de la Garenne, en Saint-Donatien, route de Paris.

Il y installe des Sœurs et des enfants, et se livre avec ardeur à l'agriculture, au jardinage, aux divers travaux de la vie champêtre. L'essai dure trois ou quatre ans; il ne répond pas à toutes les espérances. La Garenne est trop loin de la ville, et M. Laurent se dit : « Je veux avant tout soigner les malades pauvres : ceci me détourne de mon premier but. »

Sur ces entrefaites, une attention paternelle de la Providence lui offre précisément l'abri qui lui convient, le vaste parc de Grillaud. M. Laurent vend la Garenne et loue le parc de Grillaud. Grillaud devient dès lors son principal centre d'action, sa maison mère (1864); c'est là qu'il recevra ses postulantes, formera ses novices, en fera de vraies religieuses; c'est là que, s'abandonnant à toute l'ardeur de son zèle, il osera des choses si au-dessus de ses forces, qu'on pourra dire à sa louange : « M. Laurent est atteint d'une folie sublime, il a *la folie de la charité.* »

Nous arrivons à l'année 1866. L'œuvre primitive de M. Laurent existe depuis dix ans déjà. Aux yeux de tous, elle a prouvé ce qu'elle vaut; les sympathies populaires l'entourent à juste titre. Son fondateur se dit : Il me manque une chose, la bénédiction du souverain pontife. Je ne suis ni un saint Dominique, ni un saint François d'Assise; néanmoins je viens aussi, moi, de créer une nouvelle famille religieuse, famille bien humble, bien petite encore; mais plus elle est faible et petite, plus elle a besoin de prendre des forces. Si le vicaire de Jésus-Christ la bénit, elle grandira, elle se multipliera dans la mesure voulue par Dieu. »

Donc, au mois d'août 1866, M. Laurent part pour Rome. Avec lui s'en vont deux des premières filles que la Providence lui a envoyées, Sœur Marie et Sœur Eugénie. Pie IX les accueille tous les trois avec son affable bienveillance. M. Laurent expose le but de leur voyage, dit ce qu'il a entrepris, ce qu'il a déjà réussi à faire, et sollicite la bénédiction pontificale. Le Saint-Père écoute attentivement, paraît heureux et charmé, puis répond en français : « Je bénis, et Dieu bénira la petite congrégation des Gardes-Malades des pauvres de Nantes. »

IX

Une épreuve.

M. Laurent revient à Nantes comblé de joie. Il a puisé des forces pour supporter les épreuves qui ne lui seront point épargnées. Ces épreuves, il les pressent; non seulement il s'y prépare, mais il les désire; car, se dit-il, si mon œuvre n'est pas marquée du sceau de la croix, elle ne sera pas digne du Crucifié divin. Son prompt succès l'inquiète; il redoute la vaine gloire, et il a la générosité d'adresser à Dieu une de ces prières que le monde ne peut comprendre. « Mon Dieu, dit-il, humiliez-moi! »

L'héroïque prière est entendue; l'humiliation arrive, une humiliation à laquelle personne n'eût songé. M. Laurent se trouve tout à coup en proie à de désolants scrupules. Veut-il dire son bréviaire, c'est une souffrance, c'est une inquiétude, c'est un tourment qu'il ne saurait ni expliquer ni exprimer. Célèbre-t-il la sainte messe, il lui faut d'étranges efforts. Aux moments les plus importants du saint sacrifice, à la consécration, à la communion, le pauvre prêtre est livré à des anxiétés singulièrement douloureuses ; on dirait un combat cruel qui ne se termine qu'au prix de sanglantes blessures.

Pour les fidèles qui en sont témoins, c'est un spectacle navrant; M. Laurent le sent très bien, et sa peine redouble : il voudrait se cacher à tous les regards.

Et en même temps, chose qui confond, M. Laurent, dans la vie ordinaire, ne ressemblait en rien à un scrupuleux, tout au contraire assurément.

Quand, par exemple, il nous avait fait escalader sa fameuse tour de Ville-ès-Martin, ou quand il nous ouvrait si joyeusement son cher chalet de la Bôle, comme il nous apparaissait heureux, content de vivre, aspirant avec délices les senteurs marines, la brise vivifiante; contemplant, enthousiasmé, l'immense Océan, les côtes découpées, les falaises ondulées, les vagues bondissantes, l'horizon infini! Il montrait cette baie splendide qu'encadrent la Bôle, Pornichet, le Pouliguen. « Oui, affirmait-il de son geste véhément et de sa voix sonore, oui, vraiment, ceci vaut bien le golfe si vanté de Naples! Que le bon Dieu est bon d'avoir fait pour nous ces magnifiques choses! » Quand, disions-nous, le bon père Laurent épanchait ainsi son âme ravie, son cœur enchanté, aurait-on pu soupçonner quelles souffrances intimes l'humiliaient à certaines heures, le torturaient, le dévoraient!

Il fallut exempter M. Laurent d'obligations qu'il ne pouvait plus remplir. A la place du saint office, M. Laurent s'imposa trois rosaires par jour. Cette année, la dernière de sa vie, il essaya de recommencer à dire le bréviaire; l'essai, cette fois encore, fut au-dessus de ses forces.

Quant à la célébration de la sainte messe, les efforts qu'elle lui coûtait devinrent tels, qu'il craignit d'être pour les fidèles un sujet de scandale. Puis, son

Œuvre l'absorbait : « Je n'ai plus, disait-il, le temps d'être vicaire. » Avec l'agrément de Mgr Fournier, il renonça tout à fait au ministère paroissial, quitta Notre-Dame de Bon-Port et se retira à Grillaud, au milieu de ses Sœurs et de ses orphelins (août 1870).

X

A Grillaud. — La sainte Famille. — L'ambulance. — Les jeunes aveugles. — La médaille d'honneur.

L'humiliation, acceptée dans des sentiments de foi, devient la source de bénédictions surabondantes. L'âme de M. Laurent s'enflamme d'un zèle qui ne doute plus de rien. D'abord, comme autrefois rue de la Rosière, il organise ce qu'il appelle une *sainte Famille :* les pauvres sont invités à une réunion le dimanche, tous les quinze jours. M. Laurent les accueille avec sa franche cordialité, les prêche à sa manière, rondement, sans phrases savantes, les fait rire et les émeut, puis leur distribue bons de pain, bons de viande, etc. Et cette charité pour les pauvres familles de Saint-Clair se continuera vingt ans, jusqu'à la fin.

Cette même année 1870 éclate la guerre. M. Laurent se hâte d'organiser à Grillaud une ambulance. Environ cent malades ou blessés y sont successivement admis. Plusieurs chrétiennes généreuses viennent à son aide. Les Sœurs pansent les plaies, calment les souffrances, consolent, encouragent. M. Laurent veille à tout, pourvoit à tout.

Quatre ans plus tard, Grillaud voit naître deux

œuvres nouvelles : M. Laurent y crée à la fois un petit collège pour des séminaristes (nous en reparlerons tout à l'heure) et un asile pour douze jeunes aveugles. Ces jeunes aveugles (garçons et filles) sont entourés aussitôt de la plus maternelle affection et comblés de mille attentions délicates. Les yeux de leur corps demeurent à jamais enveloppés de ténèbres, mais l'œil de leur intelligence s'illumine et s'ouvre aux sublimes horizons de la vérité ; leur cœur s'épanouit et s'élève reconnaissant vers Dieu. A tous on enseigne à lire, à écrire, etc. ; quelques-uns, doués d'aptitudes spéciales, reçoivent des leçons de musique. Cette Œuvre des jeunes aveugles valut à M. Laurent les plus consolants témoignages de sympathie. L'administration nantaise ne dédaigna pas d'y prendre intérêt, et le Conseil général lui vota une allocation annuelle.

A Paris, sur la proposition de l'honorable M. Lucien Dubois, de Nantes, la *Société nationale d'encouragement au bien* décerna à M. Laurent une médaille et un diplôme d'honneur (séance du 15 juin 1879). Le rapporteur, M. Honoré Arnoul, secrétaire général de la société, s'exprimait ainsi :

« M. l'abbé Laurent a pris à tâche de dérober au vice une catégorie fort intéressante d'infortunés : il recueille les enfants pauvres et abandonnés dans l'orphelinat qu'il a créé dans un des faubourgs de Nantes. Les enfants recueillis sont nourris, entretenus et instruits jusqu'à ce qu'ils soient en état de gagner leur vie.

« De plus, voulant, dans son inépuisable charité, secourir d'autres infortunes plus dignes encore de pitié, il est venu à Paris, à l'Institution nationale des jeunes aveugles, s'initier aux secrets de l'enseignement si ingénieux fondé par Valentin Haüy ; puis il a ouvert, dans son établissement de Grillaud, une école d'aveugles, se donnant pour collaboratrice une petite paysanne de quinze ans, sa nièce, qu'il a instruite à son tour; et c'est merveille de voir ces pauvres enfants se montrer attentifs aux leçons de cette autre enfant, et faire de rapides progrès dans la lecture et dans l'écriture spéciale à cet enseignement.

« Toutes ces créations si utiles, si humanitaires, dignes de tant d'intérêt, font le plus grand honneur à leur vénérable fondateur; que notre médaille soit pour lui une preuve de notre sympathie. »

Dans un très intéressant récit de cette séance du 15 juin, l'honorable M. Lucien Dubois ajoute :

« En outre de ces diverses créations, dont une seule suffirait à occuper la vie d'un autre, M. l'abbé Laurent, qui semble semer les œuvres charitables sans paraître y prendre garde, et comme en se jouant, avec son expansive et cordiale bonne humeur, a fondé un collège secondaire où, grâce à une ingénieuse méthode, les écoliers pauvres ou attardés font des études remarquablement rapides, en même temps que solides, sans compter que le même infatigable fondateur a créé encore, par surcroît, un institut de religieuses gardes-malades pour les familles pauvres, lequel a déjà essaimé dans diverses localités du département. Voilà, certes, de quoi mériter dix médailles plutôt qu'une.

« Ces éloquentes bien que trop concises notices, et les apôtres de la charité dont elles louaient si justement les œuvres, ont été salués des unanimes acclamations des quatre à cinq mille spectateurs qui s'entassaient sur les gradins de la vaste rotonde du Cirque d'hiver.

« Une triple salve d'applaudissements, mêlés des démonstrations d'une franche et toute bienveillante gaieté, a éclaté lorsque M. Laurent, monté sur l'estrade d'honneur, a reçu, en même temps que sa médaille et son diplôme, la fraternelle accolade du vénérable abbé Lanusse, aumônier de Saint-Cyr et lauréat lui-même, à la poitrine constellée de médailles et de croix gagnées sur tous les champs de bataille. Ce simple épisode a été assurément l'un des plus marquants de cette belle et émouvante séance[1]. »

XI

Le petit collège du Sacré-Cœur.

Mais voici peut-être l'œuvre de prédilection, l'œuvre aimée entre toutes, le petit *collège du Sacré-Cœur.* Quelles consolations d'abord elle apporta à son fondateur, et quelles jouissances intimes! Puis quelles déceptions poignantes!

Regardons le petit collège à son aurore, quand tout semble lui sourire. Ce n'est point, il s'en faut, un établissement ordinaire; ce n'est qu'une famille, une famille très unie, patriarcale. Le bon père veut s'entourer, comme Jacob, de douze fils; comme Notre-Seigneur, il souhaite former douze apôtres; ce sera un *collège apostolique.*

Mais le projet primitif se modifie aussitôt. Le bon Père a le cœur trop large, il ne sait pas refuser les écoliers qui s'offrent à lui; et tout d'abord, au lieu

[1] Dans cette même séance, M. Laurent avait la joie d'applaudir à la médaille d'honneur décernée aussi à son digne ami, M. l'abbé Patron, aumônier de la prison de Nantes et fondateur de l'*Asile des détenues libérées.*

de douze, il en accepte dix-huit [1]. Une bonne Sœur surveille l'étude en tricotant. Son ardeur au travail stimule les plus laborieux; du reste, elle a l'œil vif et sait parfaitement imposer le silence. A l'heure de la classe, la Sœur cède la place à M. Tassus, l'unique professeur. M. Tassus est un prêtre qui remplit sa rude tâche sans réclamer le moindre traitement. Son dévouement sera de toutes les heures; M. Laurent et les élèves en garderont un ineffaçable souvenir [2]. Cela dure ainsi deux ans. La troisième année, il y a, non pas dix-huit, mais trente-six élèves; c'est trois fois plus que le fondateur n'en voulait. Qui veillera sur une telle famille? Les aînés présideront les plus jeunes; puis on aura *deux* professeurs; le professeur nouveau sera M. Laurent lui-même.

La méthode d'enseignement ne ressemble guère aux méthodes officielles. En est-elle plus mauvaise? M. Laurent ne le croit pas; et, pour riposter aux critiques malveillants, il ne manque ni de bon sens ni de verve.

« On refuse de me comprendre, nous disait-il; je ne veux ni ne peux faire comme tout le monde. Mes élèves sont des élèves de choix (il les choisissait, en effet, avec une sagacité singulière); mes élèves ne viennent pas ici pour traîner huit années sur les bancs. En trois ou quatre ans, j'en suis convaincu,

[1] De ces dix-huit écoliers, neuf aujourd'hui sont prêtres, parmi lesquels deux missionnaires : le Père Luec, de la Compagnie de Marie, au Congo français, et le Père Joseph Briand, des Missions étrangères, au Su-Tchuen.

[2] « Aussi, nous écrit un ancien élève, nous ne l'oublierons jamais; son souvenir, dans nos cœurs reconnaissants, restera inséparablement uni au souvenir du bon Père; et si nous ne pouvons avoir le bonheur de le revoir, nous avons du moins la consolation de lui vouer la plus juste et la plus sincère des affections. »

ils seront de force à entrer au séminaire de philosophie. J'ose prétendre qu'ils n'y seront pas les derniers. Mon but est de préparer de bons prêtres, de les préparer en peu de temps et à peu de frais. Le diocèse n'aura aucune dépense. Pour chaque élève je tâche d'obtenir, soit de la famille, soit du curé, cent cinquante francs par an. Avec cette modique somme (on ne me la donne pas toujours), je me charge de tout : je puis nourrir, instruire, et, par-dessus le marché, réjouir; car on ne s'ennuie jamais à Grillaud! Quel chef de maison offre des conditions pareilles? Où les écoliers ont-ils, pour bondir à l'aise, ces vastes espaces, ces bois, ces pelouses, ces pentes, ces allées majestueuses qu'ombragent des arbres centenaires, gigantesques? Mon organisation pédagogique laisse, dit-on, à désirer. Pourtant, outre M. Tassus, j'ai un professeur d'anglais et de mathématiques, des professeurs de musique, de gymnase, d'escrime et même de calligraphie. Ma musique n'est pas sans renom. Elle a charmé déjà Toutes-Joies, Saint-Félix, Chantenay, Saint-Clair, Abbaretz, Basse-Indre, etc. Malgré tout, ma maison n'est point parfaite; mais vous, qui êtes du métier, connaissez-vous un établissement, grand ou petit, qui soit parfait? »

Le modeste collège de Grillaud subsista huit années, de 1874 à 1882. Il était la joie et l'orgueil du fondateur. Il compta jusqu'à soixante élèves. Quel accroissement imprévu! mais, en revanche, quels soucis et quel travail!

Les progrès des élèves étaient rapides, si rapides, que plus d'un témoin en fut déconcerté. En quelques mois (nous en avons eu personnellement la preuve), ces enfants parvenaient à expliquer, à livre ouvert, une page de César et un chapitre grec de saint Luc. En deux ans, quelques-uns avaient lu, dans le texte, leur Virgile tout entier. M. Laurent triomphait, et sa joie était de faire constater de tels résultats par des juges d'une compétence non douteuse. Un jour, par exemple, M. le supérieur du grand séminaire voulut bien, à la Barberie, faire expliquer du grec et du latin à des collégiens de Grillaud. Un autre jour, les mêmes écoliers eurent l'honneur d'être examinés, à l'évêché, par l'évêque de Nantes, Mgr Fournier, qui, avec sa bonne grâce et sa vive parole, les combla de félicitations chaleureuses.

« Notre petit collège de Grillaud, raconte un des anciens élèves, ne formait vraiment qu'une famille, une famille où l'on travaillait beaucoup, où l'on priait de son mieux, où surtout l'on s'aimait bien.

« On y travaillait beaucoup; les fainéants étaient impitoyablement renvoyés. Dans aucune maison n'ont été traduits tant de textes grecs et latins. On expliquait en classe, on expliquait à l'étude. A l'étude se faisait un exercice inconnu ailleurs, *l'explication en commun*. Un élève, investi d'une autorité dont nul n'était jaloux, faisait expliquer tout haut, reprenait les fautes, proposait une traduction meilleure. Et des examens! Il y en avait sans cesse. Tout survenant, prêtre ou laïque, était invité à nous interroger. On nous examinait même au réfectoire! De sa table, M. Laurent appelait un élève, lui posait des questions de grammaire, d'histoire, etc., et l'envoyait enfin faire un très long voyage sur l'une des immenses cartes géographiques qui ornaient la salle. Armé d'une longue gaule, l'élève devait indiquer tous les ports, caps, îles, détroits que peut voir un navire allant de Saint-Nazaire en Amérique, ou de Marseille au Japon.

« En récréation, travail d'un autre genre. Les soirs d'hiver on jouait au *loto;* mais les numéros s'appelaient en diverses langues, en latin, en grec, en anglais. Comme chacun était attentif, dans l'espoir de gagner l'heureux *quine!* Car, quelle récompense alléchante! Avant le commencement de la partie, la *bonne Mère* mettait sur la table une pile de sous : un sou pour chaque gagnant! Quand tout était terminé, la bonne Mère apportait des gommes, des pralines, et ceux qui avaient gagné des sous achetaient et se régalaient. Procédé ingénieux! nous avions gommes et pralines, et la bonne Mère recouvrait ses sous. En fin de compte, c'était le bon Père qui payait.

« Ceci me rappelle une autre invention non moins ingénieuse. L'hiver, en temps de grippe, au moment où nous montions au dortoir, la bonne Mère apportait un plein seau de lait bien sucré et bouillant; quiconque se prétendait grippé avait droit à sa tasse de lait. Quels efforts certains camarades se faisaient alors pour tousser!

« Doux souvenirs! Quelle maison aurait pu ressembler à la nôtre? C'est qu'à Grillaud il y avait une Mère; ailleurs il n'y en a pas.

« Au travail se joignait la prière. Le bon Père s'inquiétait surtout de nos âmes; il voulait que ses enfants fussent très pieux. Il nous faisait communier le premier dimanche et le premier vendredi de chaque mois, sans compter les grandes fêtes. Avec quel soin nous y étions préparés! Nous étions toujours avertis huit jours d'avance, avec l'instante recommandation d'être encore plus sages et plus laborieux.

« Chaque dimanche, messe chantée, suivie d'une instruction. Pour le fond, les instructions ne variaient guère; mais le bon Père répétait les mêmes choses, afin de les graver à jamais dans notre esprit et dans notre cœur : « Soyez travailleurs, disait-il, soyez bien pieux, bien purs; ayez bon caractère, bonne tenue, bon esprit. » Il ne sortait pas de là; illustrant, du reste, sa pensée par d'innombrables exemples tirés de l'histoire sainte et de l'histoire profane, d'après les leçons vues dans la semaine : « Voyez les Perses, disait-il, voyez les Grecs, les Romains : tant qu'ils ont été fermes et courageux, ils ont été tour à tour les maîtres du monde; dès qu'ils se sont laissé aller à la mollesse, ils sont tombés en décadence. Il faut se garder de la mollesse... Comment s'est perdu Annibal? dans les délices de Capoue. Hein! n'est-ce pas vrai?

« Soyez bien pieux, gardez-vous de ressembler aux anciens choristes. A voir leur sans-gêne dans l'église, on dirait qu'ils regardent le bon Dieu comme leur cousin germain! »

« Le bon Père nous donnait l'exemple de la prière : toujours le chapelet en main! Cela nous frappait d'admiration. Il est vrai que, comme la mère de dom Bosco, il n'hésitait guère à couper un *Ave Maria* en trois ou en quatre, pour donner un ordre utile ou une réprimande méritée.

« Aimez bien le bon Dieu, ajoutait-il, tout est là; allez à lui de tout cœur, mais bonnement, simplement. Observez les commandements. Oh! les commandements! quand on les observe, qu'on est bon chrétien, bonne chrétienne!... J'aime bien le curé de X***. Comme il va simplement son chemin! Il va droit au bon Dieu sans faire de l'embarras, sans s'occuper des autres. C'est comme cela qu'il faut faire. »

« Aussi quelle estime nous inspirait le bon Père, et comme nous l'aimions! Quelle reconnaissance nous lui avons gardée! Sa maison était toujours la nôtre; il nous y recevait avec une bonté si cordiale! C'est à lui, après Dieu, que je dois, — d'autres le lui doivent aussi, — le bienfait inappréciable de ma vocation et l'insigne honneur du sacerdoce. Nous n'avons qu'un regret, c'est de ne pas savoir aussi bien servir l'Église; nous n'avons qu'un désir, c'est de reproduire au moins quelques-unes de ses vertus. »

Après de tels récits, nous comprenons comment le petit collège de Grillaud était devenu pour M. Laurent la moitié de son âme. Aussi quelle amère tristesse quand ce cher collège se ferma! « Mon nid est détruit par l'orage, mes doux oisillons n'y sont plus! » La douleur de M. Laurent n'eut d'égale que sa soumission à la volonté divine, soumission inspirée par les plus hautes pensées de foi. Mais si sa tête s'inclina, son cœur fut déchiré, et la blessure ne se referma jamais.

Dieu accorda toutefois à M. Laurent plus d'une consolation. Les écoliers sortis de Grillaud conquirent dans leurs classes un rang d'élite; plus de vingt-cinq sont prêtres, et, soit à Nantes, soit au loin, ils servent vaillamment l'Église. D'autres sont restés dans le monde, et ils y occupent des situations diverses; mais eux non plus n'oublient ni Grillaud, ni le bon Père, ni les principes de foi que le bon Père leur inculquait si profondément. Bien des témoignages en ont été fournis, témoignages de touchante affection et de filiale reconnaissance. Ils font honneur et au maître et aux disciples, et au père et aux enfants.

XII

L'hôpital de Saint-Clair.

Avons-nous indiqué tout ce que la charité de M. Laurent sut créer à Grillaud? Non, certes! Grillaud devint pour les pauvres du quartier une maison de bénédiction. Aussi comme ils en savaient le chemin! Quant à ceux qui ne pouvaient venir, quant aux malades, on leur apportait de Grillaud des secours de tout genre.

Un jour, en 1880, deux vieillards du quartier, l'homme et la femme, sont visités par une Sœur qui les trouve dans un taudis, sur un infect grabat, dévorés d'une abominable vermine: « Quelle misère et quel abandon! s'écrie M. Laurent; comment à Saint-Clair n'y a-t-il pas d'hôpital! Il faut absolument que j'en construise un. Avec quel argent, je n'en sais rien. La Providence y pourvoira! »

Elle y pourvut, en effet. Le jour où M. Laurent put ouvrir son hôpital, il révéla quels secours inattendus Dieu lui avait tout d'abord envoyés.

« Savez-vous, dit-il, qui est venu, de lui-même, m'offrir mon premier lit? C'est un Juif.

« Et savez-vous comment j'ai trouvé de quoi payer un médecin et des remèdes? Le voici :

« Un beau matin, un monsieur très honorable, que j'estime et que j'aime, m'arrive et me dit :

« — Monsieur Laurent, vous voulez, paraît-il, créer un hôpital?

« — C'est nécessaire.

« — Mais, pour cet hôpital, il vous faut un médecin très assidu et des remèdes de tout genre?

« — Sans doute.

« — Eh bien! vous le savez, je suis docteur; si vous y consentez, je serai votre médecin; quant aux remèdes, ma bourse les fournira. »

« Quelle poignée de main j'échangeai avec mon visiteur! C'était l'excellent docteur Plantard; vous le voyez en ce moment à mes côtés. Au nom des pauvres malades, je lui exprime de nouveau ma plus vive reconnaissance. »

Le nouvel hôpital possédait huit lits: quatre pour les hommes, quatre pour les femmes. Jusqu'en 1884 il reste entièrement à la charge du bon Père. En 1884, quelques cas de choléra jettent la frayeur dans Saint-Clair. L'administration civile s'en émeut. Le préfet de Nantes, M. Catusse, et l'adjoint de la section de Saint-Clair, M. Firmin Colas, font appel à la charité si connue de M. Laurent; ils lui demandent d'accepter dans son hôpital les cholériques. « Amenez-les tout de suite, répond le bon Père; mes Sœurs et moi, nous les soignerons! »

Ce dévouement eut sa récompense. L'honorable M. Firmin Colas (aujourd'hui maire de Chantenay) souhaitait ardemment venir en aide aux pauvres gens de Saint-Clair. Avoir pour eux un hôpital lui semblait de toute nécessité; mais était-il généreux de laisser l'hôpital aux charges de M. Laurent? Grâce au zèle intelligent de M. Firmin Colas, grâce aussi à la sympathie bienveillante du conseil municipal, l'hôpital de M. Laurent fut acquis par la commune.

Nous savons maintenant quels fruits produisait à Grillaud la charité de M. Laurent. Loin de Grillaud, cette charité n'était guère moins féconde. Nos lecteurs pourront s'en convaincre.

XIII

Nouvelles fondations. — Ancenis, Saint-Nazaire.

En 1870, nous l'avons dit, M. Laurent avait déjà fondé à Nantes trois maisons de Sœurs pour soigner les malades pauvres et élever des orphelins : l'une de ces maisons était rue des Coulées ; la seconde, rue Saint-Clément, et la troisième, de beaucoup plus importante, à Grillaud, en Saint-Clair. L'année 1871 vit se créer, à Ancenis, un quatrième établissement.

Une pieuse Ancenienne, toute dévouée comme son vénérable père aux œuvres charitables, Mlle Nicou, avait connu à Nantes la nouvelle famille religieuse dont M. Laurent était le chef. Elle souhaitait ardemment procurer aux familles peu aisées d'Ancenis le secours de ces intelligentes infirmières, d'une affabilité si modeste. Mais où logerait-on les Sœurs ? Mlle Nicou se met en quête ; d'autres âmes compatissantes (il n'en manque pas à Ancenis) entrent dans ses vues. Mlle Louise Thoinnet ouvre largement sa bourse ; M. Charles Thoinnet de la Turmélière n'ouvre pas moins volontiers la sienne. Au mois d'octobre 1871, M. Laurent amène trois Sœurs ; leur mission est autorisée par Mgr l'évêque de Nantes ; Mgr Fournier leur a remis ces lignes, où l'on voit quelle appellation leur est donnée :

Nantes, 1er octobre 1871.

« Nous autorisons les Sœurs Marie-Joseph et Vincent, religieuses de la Sainte-Famille, Petites-Gardes-Malades des pauvres, à fonder à Ancenis une maison de leur communauté pour le service des malades, et nous les recommandons à la bienveillance des autorités civiles et religieuses et des fidèles de cette paroisse.

« † FÉLIX, évêque de Nantes. »

La ville d'Ancenis accorde tout de suite sa sympathie aux nouvelles venues. Ces petites Sœurs soignent les gens avec tant de bonne grâce! Puis, quand il en est besoin, elles rappellent si affectueusement à leurs malades des devoirs trop oubliés! Leur main est aussi douce quand elle touche aux plaies de l'âme que quand elle panse les plaies du corps.

L'Asile Saint-Joseph d'Ancenis s'ouvrit aux orphelines (et non aux orphelins). De plus, le dimanche, il devint un lieu de réunion pour les jeunes ouvrières.

« J'ai à Grillaud, disait M. Laurent, toute une ruche de diligentes abeilles. C'est vers Ancenis que s'est envolé mon premier essaim. »

Un autre essaim s'envole en 1874 vers Saint-Nazaire.

Ce fut M. Laurent lui-même qui voulut doter Saint-Nazaire de ses Gardes-Malades.

Souvent il avait eu l'occasion de traverser Saint-Nazaire, et le spectacle de cette ville créée si rapidement l'avait frappé. « Ce pays-ci m'intéresse, disait-il; on n'y voit que des chercheurs de travail et des chercheurs de pain. Mais que deviennent-ils quand la maladie les arrête? Et s'ils meurent, comment meurent-ils? Mes bonnes Sœurs ne seraient point de trop ici; elles n'y manqueraient pas de besogne. Que de bien à faire! Elles soigneraient les corps et sauveraient les âmes. »

M. Laurent invoque donc saint Joseph, un de ses saints préférés; il récite rosaires sur rosaires pour obtenir l'assistance des âmes du Purgatoire, car ces âmes souffrantes lui inspirent une extraordinaire dévotion ; puis, sans compter sur aucun concours humain, il loue, rue du Croisic, un bel appartement : « Venez donc le voir, c'est superbe ! nous crie-t-il avec son joyeux rire ; des parquets, des vitrines ! Cela n'a point été fait pour nous. Comme nos petites Sœurs vont être étonnées ! Mais la Providence l'a voulu ; je n'ai rien pu trouver ailleurs. »

Des Sœurs arrivent bientôt à Saint-Nazaire, de véritables Sœurs, remarquons-le, et non plus des tantes. Non seulement elles ont fait les vœux de religion, mais en outre elles sont ornées du voile. Leur robe est toujours une robe noire très simple ; mais ce voile suffit pour leur imprimer un cachet à part, un air tout à fait religieux. Aussi reçoivent-elles désormais et sans conteste le nom honoré de *Sœurs ;* la supérieure de chaque maison a pour titre le nom si affectueux et si respectueux de *bonne Mère.*

A Nantes, nos Gardes-Malades rendaient de grands services ; à Saint-Nazaire, elles en rendirent peut-être plus encore. « Ailleurs, racontait la fondatrice, nous avions vu beaucoup de logis qui n'étaient guère riches ; jamais nous n'avions trouvé pareils taudis.

« Dans certains recoins de Saint-Nazaire, c'est la misère noire. Ni cheminée, ni feu, ni table, ni chaise ; rien pour s'asseoir. La Sœur apporte un peu de bouillon ou de vin, qu'elle a obtenu de la charité d'un hôtel ou d'une auberge ; avec cela elle réconforte son malade, l'encourage, le veille la nuit entière accroupie dans un coin. Pour réchauffer son bouillon, elle a les trois mottes de son chauffe-pieds. Vraiment nous avons eu déjà à Saint-Nazaire bien des consolations. Partout bon accueil ; et, de peur de nous faire de la peine, nos malades ne refusent guère le prêtre. »

XIV

Fondations de Saint-Servan, de Tours, etc.

La même année 1874, Saint-Servan réclame nos petites Sœurs nantaises. Comment peuvent-elles être connues si loin?

Voici l'explication du mystère. A Saint-Servan existait un orphelinat soutenu par la charité du vénérable curé, M. Collet. Par suite de circonstances diverses, cet établissement allait perdre ses directrices. A qui le confier? M. le curé ne cachait pas son embarras. On était à l'époque du carême. Le prédicateur de la station, le zélé P. Renaud, de l'Immaculée-Conception de Nantes, parla à M. Collet des orphelinats nantais et des Sœurs de Grillaud; il fit de ces Sœurs un tel éloge, que M. le curé voulut en avoir. Avant d'envoyer ses Sœurs hors du diocèse de Nantes, M. Laurent sollicita de Mgr Fournier une approbation authentique.

L'approbation fut gracieusement accordée. En voici le texte :

Évêché de Nantes, 3 juillet 1874.

« Un ecclésiastique de mon diocèse, l'abbé Laurent, ayant fondé l'œuvre des Petites-Sœurs Gardes-Malades des pauvres, je n'ai qu'à me louer de l'esprit religieux, humble et charitable de cette Congrégation, qui, depuis 1857, a produit à Nantes et ailleurs d'excellents résultats.

« J'approuve, en conséquence, cette Congrégation et la sage direction que lui imprime M. Laurent, et je la recommande avec confiance à la bienveillance de Messeigneurs les évêques et des pasteurs qui en réclameront le secours.

« † FÉLIX, évêque de Nantes. »

Sœur Marie, la religieuse qui emportait cette recommandation épiscopale, était humble et modeste entre toutes. Ses vertus se dérobaient aux regards, comme la gloire de cette fille du roi célébrée par le prophète. La petite Sœur Marie n'avait aucun de ces dons extérieurs qui attirent ou qui imposent, ni riche mine ni grand air, il s'en fallait! Quand M. le curé de Saint-Servan l'aperçut, lui qui savait de quelles qualités avait besoin sa future directrice, il ne put cacher sa déception, et il murmura ces mots : « Je suis volé! »

Non, il n'était pas volé! Il le comprit bientôt. L'humble Sœur Marie fit à Saint-Servan un bien merveilleux. Mais son zèle la dévorait; en onze ans elle s'épuisa. Elle mourut, pleurée à chaudes larmes par ses orphelins et ses pauvres, honorée des regrets de tout Saint-Servan, laissant à ses compagnes un doux et suave souvenir. « C'était, dit M. Laurent, une de mes plus belles fleurs; le bon Dieu la cueille pour son paradis. »

Nous ne pouvons ici raconter en détail l'histoire des fondations qui suivirent. Bornons-nous à de très brèves indications.

En 1876 (septembre), premier départ de Sœurs pour Saint-Cyr, près Tours. Elles sont demandées pour la maison des apprentis Alfred Tonnellé. Cette maison, œuvre magnifique de Mme Tonnellé, a M. l'abbé Brissard pour directeur; M. l'abbé Brissard a entendu vanter les filles de M. Laurent par un bon Frère des École chrétiennes, qui a connu M. Laurent à Nantes.

En 1877, second départ de Sœurs pour Tours. Cette fois on leur confie un orphelinat, l'orphelinat créé par M. le chanoine Verdier.

L'année suivante (20 mars 1878), la maison de la Sainte-Face s'ouvre aux Sœurs de Grillaud. Les Sœurs répondent à l'invitation d'un vénérable prêtre, M. Janvier, doyen du chapitre métropolitain, désigné par Mgr l'archevêque pour continuer l'œuvre si pieuse de M. Dupont, *le saint homme de Tours.*

En 1885, plusieurs personnes charitables expriment à M. Janvier leur désir de venir en aide aux malades pauvres. Mais qui soignera ces malades? Ne faudrait-il pas leur trouver des religieuses? M. Janvier songe aussitôt aux Sœurs nantaises que possède sa maison de la Sainte-Face. Ces Sœurs, en effet, ne s'appellent-elles pas *Gardes-Malades des pauvres?* Le vénéré doyen réfléchit, consulte, s'assure des autorisations nécessaires, puis s'adresse au bon Père de Grillaud. Il adjure M. Laurent de rendre aux pauvres malades de Tours les mêmes services qu'aux malades de Nantes, de Saint-Servan, de Saint-Nazaire. M. Laurent se laisse facilement toucher, et il envoie des Sœurs (29 septembre 1885).

Le nouvel établissement éprouve d'abord des difficultés très graves. Des hommes de Dieu aplanissent les obstacles. M. l'abbé Soreau, archiprêtre de la cathédrale; M. Janvier et ses dignes collaborateurs, les prêtres de la Sainte-Face, soutiennent et encouragent les Sœurs de leurs sympathies et de leurs conseils. Grâce à ces précieux appuis, la fondation se consolide; les Gardes-Malades des pauvres ne tardent pas à faire bénir leur nom. Cet heureux résultat amène, en 1889, une seconde fondation en faveur des malades pauvres, dans un quartier qui n'a de riche que le nom, le quartier de la Riche (Notre-Dame-la-Riche).

Ainsi cinq maisons de Tours ont des Sœurs de M. Laurent.

Pendant que se créent les établissements de Tours, M. Laurent multiplie ses œuvres dans le pays nantais.

En 1878, fondation de Varades.

En 1879, construction à Saint-Nazaire, sur le boulevard de l'Océan, d'une belle et vaste maison. M. Laurent y transporte son orphelinat de la rue du Croisic, et de plus il y recueille des vieillards. « J'ai grand'pitié, dit-il, des vieux marins et des vieilles *marines.* »

1880. — Fondation de l'hôpital de Saint-Clair; nous en avons parlé précédemment.

1884. — Fondation de Guérande, en faveur des pauvres malades et des *orphelines.*

Même année, à la Bôle, création de l'asile Saint-Joseph (20 lits), en faveur des ouvriers convalescents.

On ne saura jamais en ce monde tout le bien fait par M. Laurent. Disons quelques mots du signalé service qu'il rendit à l'*Œuvre des petits Ramoneurs.* Cette Œuvre, si digne d'intérêt, subissait, au commencement de 1886, une crise inquiétante. « Dans notre embarras, raconte le dévoué président de l'Œuvre, j'eus recours au bon Père. Celui-ci me proposa tout de suite de me bâtir une maison pour mes ramoneurs, sur le terrain de son orphelinat de la rue des Coulées. « Apportez-moi trois mille francs, dit-il; vous me les prêterez sans intérêt, et je vous les rembourserai par tiers en trois ans. » J'étais enchanté. Par malheur, je ne pus recueillir que douze cents francs. A cette nouvelle, M. Laurent poussa de beaux cris : « Que voulez-vous que je fasse avec vos douze cents francs? Croyez-vous que les maçons travaillent gratis! » Le bon Père avait la parole vive; je le laissai crier; puis, froidement: « Quel jour, lui dis-je, voulez-vous que je vous apporte mon argent? Le jour de la Saint-Joseph? (Nous entrions dans la seconde semaine de mars.) Saint Joseph, monsieur Laurent, est le chef de la sainte Famille; c'est, je crois, un de vos saints. » Le bon Père me regarde, et tout à coup radouci: « Eh bien! oui, dit-il, c'est cela. Va pour la Saint-Joseph! »

Et voilà comment fut bâti, aux frais de M. Laurent, le chalet où s'abritent aujourd'hui les petits ramoneurs. M. Laurent ne se contente point de fournir aux ramoneurs un toit hospitalier; il les entoure de sa plus paternelle sollicitude; ses Sœurs deviennent leurs mères, et quelles mères! Quand un petit ramoneur rentre le soir au chalet, il y a à l'attendre, dans une salle aménagée à dessein, un baquet rempli d'eau bien chaude. Cette eau chaude enlève toute trace de suie et de fumée; après quoi l'enfant, lavé et nettoyé à fond, changé de tout, n'a plus rien du ramoneur. On lui sert à souper, puis une Sœur lui apprend le catéchisme, le prépare à sa première communion, lui enseigne à lire, à écrire. « Avant de les connaître, nous disait une Sœur, nous avions un peu peur de ces négrillons, nos craintes n'ont pas duré longtemps. Ce sont des enfants assez dissipés, mais (malgré le milieu dans lequel ils passent la journée) ils ne prononcent jamais devant nous une parole mal sonnante. Plusieurs d'entre eux nous ont charmées par une piété singulière. Deux des premiers venus se sont faits Frères. Il est vrai qu'ils sont comblés de soins par M. le Président de l'Œuvre et Mme la Présidente, par les dames patronnesses et M. le vicaire, leur aumônier. »

Nous n'osons nommer aucun de ces bienfaiteurs

généreux. *Quorum nomina sunt in libro vitæ :* « Leurs noms sont inscrits au livre de vie, » Dieu et les anges les connaissent.

1888. — Fondation de Legé.

1889. — A Nantes, fondation de deux maisons : l'une, dans la paroisse de la Madeleine (gardes-malades) ; l'autre, dans la paroisse Saint-Similien, rue de Coutances (gardes-malades et orphelinat).

Enfin, en 1890, M. Laurent projeta une œuvre singulièrement hardie : la restauration de l'antique chapelle du Mûrier, au bourg de Batz. La semaine qui précéda sa mort, il était parti pour la Bôle, y donnant rendez-vous à son architecte, afin de tout régler pour commencer les travaux au mois de mars prochain. « Nous ferons d'abord la toiture, disait-il ; j'y dépenserai vingt mille francs. Je n'ai pas encore bâti de chapelle ; je veux offrir celle-ci à la sainte Vierge, comme le dernier hommage de ma vie. »

XV

Les ressources de M. Laurent.

Où M. Laurent trouvait-il les ressources nécessaires à de telles œuvres ? Comment parvenait-il à acheter ou à construire tant de maisons, à faire subsister tant de religieuses et d'orphelins ? Beaucoup d'enfants furent admis chez lui par pure charité ; les autres payaient une rétribution mensuelle variant de quinze à huit francs : « Je perds un peu sur chacun, disait en riant le bon Père, mais je me rattrape sur le total. »

« C'est prodigieux, lui est-il dit un jour par plaisanterie, vous ne cessez de construire. Avouez que vous êtes *franc-maçon!*

— Oui, certes, s'écrie-t-il joyeux. Mon père était maçon; moi aussi je suis *maçon,* quoique sans truelle. Quant à être *franc,* je le suis; vous ne pouviez mieux dire; regardez-moi bien dans les yeux, et vous n'en douterez pas. »

Ceci nous rappelle le mot d'un chrétien venu, le 24 octobre, aux obsèques du bon Père : « J'ai eu, nous dit-il, de nombreuses et importantes relations d'affaires avec M. Laurent; je l'ai toujours trouvé droit, franc, loyal, sans jamais la moindre anicroche, et cela n'est pas si commun! »

« A Grillaud, un jour, raconte un de ses élèves, nous lui disions : « Père Laurent, comment faites-vous? Qui vous donne de l'argent? » Il nous montra la statue de saint Joseph : « Tenez, dit-il, en voilà un qui vient à mon secours; je le prie, et il me donne. Est-ce que le bon Dieu ne nourrit pas les petits oiseaux du ciel? Pourquoi nous laisserait-il dans la misère, quand nous avons confiance en lui et que nous le servons de notre mieux? » Souvent il nous redisait ces paroles du psaume : *Je n'ai jamais vu le juste abandonné et réduit à chercher son pain.* D'autres fois il nous disait : « Je m'adresse aux âmes du purgatoire, et l'argent m'arrive. »

Un jour, un capucin sonne à Grillaud. La porte lui est ouverte par M. Laurent lui-même.

« Bonjour, frère Hyacinthe; venez-vous faire votre quête?

— Tout juste, monsieur Laurent.

— Ma foi, je sortais pour aller faire la mienne. Entrez donc vite; je ne vous renverrai pas la main vide, car j'ai besoin d'argent, et, pour en avoir, j'en donne. »

Le capucin s'excuse, entre et reçoit une pièce de dix francs.

« Merci, monsieur Laurent, fait-il, puissiez-vous, en récompense, récolter des centaines de pièces comme celle-ci !

— Des centaines, riposte M. Laurent, il m'en faut des milliers ; j'ai tant de bouches à nourrir ! »

Un mois après, nouvelle rencontre des deux interlocuteurs.

« Eh bien ! monsieur Laurent, dit en riant le capucin, votre quête est finie, a-t-elle été bonne ?

— Aussi bonne qu'il le fallait. J'avais donné, j'ai reçu en abondance, en abondance. Le bon Dieu est si riche ! »

Ces belles réponses ne satisfaisaient point la curiosité des questionneurs. Mais M. Laurent gardait le secret de ses ressources, aussi fidèlement que le secret de ses incalculables charités. Personne n'a jamais su tout ce qu'il donnait, personne ; pas même cette religieuse éminente, si digne de sa confiance absolue, à qui il remettait sans hésiter le soin de toutes ses Filles et de tous ses enfants. C'était par excellence la *bonne Mère*. Puisse-t-elle, longtemps encore, voir prospérer l'œuvre bénie à laquelle elle eut une part si grande, une part si discrète ! Mais tout éloge blesserait sa modestie : « Mes Filles, écrivait le bon Père, vous ne vous laisserez point *louanger* dans les journaux. »

M. Laurent, disions-nous, gardait le secret de ses charités : « Bon Père, lui demande un de ses élèves, combien, depuis trente ans, avez-vous élevé d'orphelins ? — Je n'en sais rien, répondit-il ; mais quelqu'un le sait, Celui qui là-haut tient le grand registre. Cela suffit. »

Une réserve semblable était ordonnée aux supérieures de ses maisons. « Un jour, nous racontait l'une d'elles, je lui demandai la permission de donner aux pauvres tout l'argent dont nous n'aurions pas absolument besoin. — Oui, me répondit-il vivement, donnez, donnez tout ce que vous pourrez; mais personne n'en doit rien savoir. Ne portez pas cela sur votre livre de dépense, je vous le défends. »

On peut soupçonner quelque chose des pieuses largesses du bon Père, en lisant ce qu'il prescrit à ses Filles :

« Dans chacune de nos maisons, on donnera chaque année vingt-six francs pour l'œuvre de la Propagation de la Foi.

« La Congrégation entretiendra dans les séminaires douze étudiants. (Elle a, en ce moment, douze séminaristes à Carthagène, sans compter ceux qu'elle secourt en France.)

« Chaque maison se proposera d'élever douze orphelins ou orphelines.

« Les âmes du purgatoire ont promis de ne jamais abandonner ceux qui ne les abandonneraient pas. C'est pourquoi vous ferez toutes vos actions pour les soulager. Pour elles, tous les dimanches, chaque Sœur fera le Chemin de la Croix. Afin de les soulager d'une manière plus efficace, la Communauté fera célébrer chaque année trois cent soixante-cinq messes. Elles vous les payeront toujours très généreusement. »

Tout ceci n'explique-t-il pas le mot gracieux de Léon XIII? En 1887, M. Laurent accomplissait, avec d'autres prêtres nantais, le pèlerinage de Rome. Admis aux pieds du souverain pontife, il entendit cet éloge : « Saint Père, voici M. Laurent; il fait des miracles, car il trouve de l'argent là où personne n'en trouve. » Léon XIII répondit en souriant : « Eh bien, puisqu'il fait des miracles, nous le canoniserons! » Pendant six mois au moins, M. Laurent se fit une joie de répéter ce mot de Léon XIII.

XVI

Comment M. Laurent formait ses Sœurs

Nous venons de citer quelques-unes des recommandations de M. Laurent à ses religieuses. Que de pieuses missives, simples et touchantes, il leur adressait ! Les pages qui restent de lui font parfaitement connaître et le bon Père et ses chères Filles. Le Père se montre à nous, avec son rare bon sens, sa rondeur, sa bonhomie, son entrain joyeux, son cœur d'or, et en même temps avec sa remarquable intelligence des choses surnaturelles, sa ferme direction, sa foi profonde, sa confiance absolue en Dieu et aux saints.

Quant à ses Filles, il nous les dépeint en traits vifs et naïfs; et, par les hautes vertus qu'il exige d'elles, par le but sublime qu'il leur propose, il nous permet d'entrevoir quelles merveilles de grâce la main divine opérait dans ces âmes à la fois si modestes et si généreuses. Merveilles admirables vraiment ! Aux doctes et aux sages du siècle, Dieu ne daigne pas les découvrir, mais il les révèle volontiers à ses enfants les plus humbles : *Abscondisti hæc a sapientibus et prudentibus, et revelasti ea parvulis.*

« Le but de votre Congrégation, dit le pieux fondateur, est d'accomplir trois œuvres :

« 1° Garder et soigner les malades pauvres, le jour et la nuit ;

« 2° Élever chrétiennement les pauvres orphelins;

« 3° Prier, agir et souffrir pour les âmes du purgatoire. »

Afin de rendre les Sœurs dignes d'une si sainte vocation, le fondateur trace un règlement qui leur impose toute une vie de prière, de silence, d'humilité, de pauvreté, d'obéissance, d'abnégation, de dévouement.

Ce règlement tend donc à la plus haute perfection évangélique; mais il n'y tend qu'avec une sagesse remarquable, une prudence singulière.

Le fondateur s'ingénie à éloigner tous les périls auxquels est exposée la faiblesse humaine, il tâche de prévenir même les excès de la vertu.

Ainsi il ne prescrit que les abstinences et jeûnes de l'Église, il veut que la nourriture soit *suffisante* et *convenable*. Du reste, quelle nourriture frugale! Un seul plat, jamais de dessert, à moins qu'il ne soit un don de la charité; jamais de vin, mais la boisson des pauvres.

Le vêtement sera très simple, mais toujours très propre. L'hiver on donnera aux Sœurs tout ce qui est nécessaire pour se garantir du froid.

« En hiver, jamais de privations dans le chauffage, pour éviter les maladies de poitrine, si fréquentes dans nos contrées humides. »

Le fondateur n'a nul orgueil personnel :

« L'humilité, dit-il, est la béatitude qui plaît le plus. Et je voudrais qu'au dernier jour ma justice, s'il se trouve quelque justice en moi, fût cachée à tout le monde et connue de Dieu seul. »

Il n'aspire donc qu'à fonder une très modeste congrégation. Aussi, tout d'abord, ce qu'il réclame de ses Filles c'est la simplicité, l'humilité, le sentiment de leur petitesse.

« Soyons simples et petites. Si nous sommes simples et petites, portons partout cette simplicité : dans nos vêtements, dans notre logement, dans notre nourriture, dans notre direction spirituelle.

« Votre chapelle sera l'église paroissiale, et M. le curé sera votre aumônier, votre confesseur, comme il est celui de tout le monde. Les petites gens ne font point d'embarras avec le bon Dieu. Ne cherchez point de direction en dehors du curé de la paroisse; soyez les bonnes Sœurs de votre curé.

« Pour ne point avoir la tentation de vous mettre en dehors du clergé paroissial, vous n'aurez jamais que de petites maisons, placées le plus près possible de l'église et du presbytère; jamais plus de dix religieuses professes par couvent. Ainsi fondées dans la pauvreté et la simplicité, vous éviterez beaucoup d'embarras. Qui marche simplement, marche plus sûrement. Ainsi établies dans un grand nombre de lieux, vous aurez pour protecteurs beaucoup de vénérables curés; et qui possède beaucoup de protecteurs est plus puissant que celui qui n'en a que deux ou trois. Vous serez ainsi sous la surveillance d'un grand nombre de gardiens vigilants, et ils sauront vous défendre aux jours mauvais, si les jours mauvais se présentent; ils sauront vous garantir des dangers par leurs bons conseils.

« Pour la prise d'habit, les cérémonies les plus simples possible, comme cela convient à de petites gens. Point d'embarras !

« L'enterrement des religieuses sera celui des pauvres; une simple croix de bois sur leur tombe, et au cimetière commun.

« Tâchez de mériter par toute votre vie ce compliment qu'une dame adressait un jour à l'une d'entre vous : « Pour entrer dans votre Congrégation, il faut trop aimer le bon Dieu, parce que vous êtes de petites gens, parce que vous ne donnez rien à la vanité et à l'ostentation. »

« Si quelque personne vient à vous mépriser comme des gens de rien, vous disant que vous n'êtes pas de véritables religieuses, ne vous troublez point pour cela. Continuez à cheminer vers le ciel doucement, simplement, petitement, faisant tout le bien que vous pourrez faire, comme les pauvres dans le champ du père de famille, ramassant les épis oubliés par les grands moissonneurs. Si vous faites ce travail pendant des années, vous arriverez au ciel accablées sous le poids de vos belles gerbes. »

Tout en recommandant aux Sœurs la simplicité, il les veut sages, fermes, fortes, prudentes :

« Je tiens infiniment à ce que vous ayez l'âme forte. Veillez à n'être point des *endolories* qui pleurent et qui gémissent à propos de tout et à propos de rien.

« Que votre conduite soit toujours sage et digne ; que personne n'ait rien à reprendre dans vos paroles et dans vos actions.

« Vous ne refuserez jamais de faire une charité quand le bon Dieu vous en présentera l'occasion ; mais vous ne ferez jamais de dettes pour pratiquer la charité. La situation financière des sociétés religieuses doit toujours être claire, nette, point embarrassée. La mort d'une personne quelconque ne doit jamais amener une catastrophe pour une congrégation. Les bonnes œuvres se font par le cœur, mais aussi et surtout par la tête. Ne faites point de choses difficiles, que font seulement les personnes organisées pour les grandes entreprises ; faites toujours pour le bien des choses simples, faciles, que presque tout le monde peut conduire à bonne fin. N'oubliez pas cette recommandation de Mgr Jaquemet : *Faites des choses qui demandent peu d'argent pour bien marcher.* »

Nous avons dit combien le bon Père était loyal et franc. Il veut que ses filles soient franches et loyales.

« Rappelez-vous ce que je vous ai dit si souvent sur saint François de Sales et Mgr de Cheverus. Chez eux point de déguisement ni d'arrière-pensée : tels au dehors, tels au dedans; simplicité loyale, pleine de droiture. Soyez comme eux toujours franches, toujours loyales, toujours vraies.

« Dans le monde, le mensonge est à l'ordre du jour. Le pauvre n'aime pas les menteuses. Ne mentez jamais. N'ayez point de politique féminine, point de ruse féminine; soyez toujours vraies et franches.

« Mais votre vocation essentielle, c'est la charité. Vous êtes avant tout des Sœurs de Charité. La Sœur de Charité est l'honneur et la gloire de notre sainte religion. Écoutez ces paroles des saints Livres :

« Heureux l'homme qui a l'intelligence du pauvre;
« le Seigneur le délivrera au jour mauvais.

« Que le Seigneur le rende heureux sur la terre,
« et qu'il ne le livre point au désir de ses ennemis.

« Que le Seigneur le soulage, lorsqu'il sera sur
« son lit de douleur!

« Vous avez, ô mon Dieu, changé et remué tout
« son lit dans son infirmité. »

« Mes Filles, sachez-le, le pécheur résiste souvent aux plus beaux sermons; mais, quand son prédicateur soigne son corps malade, panse ses plaies comme une tendre mère, il ne résiste plus.

« Allez donc, anges rapides de la charité du bon Dieu, vers la nation épuisée et déchirée par les discordes. Ayez confiance. Le chemin qui mène au cœur des hommes est aussi le chemin qui mène au cœur de Dieu.

« Votre sanctuaire sera la chambre des pauvres malades. Soignez, ornez cette pauvre demeure, comme les bons prêtres parent l'église du Dieu de l'Eucharistie.

« Les pauvres, étant d'ordinaire dans un logement malpropre, seront très heureux de voir un peu d'ordre et de propreté chez eux. Ils se nourrissent habituellement fort mal; faites-leur, comme une mère à ses enfants, des petits plats appétissants. Les pauvres ne sont guère habitués à être flattés, consolés, on les rebute souvent; mais vous, Sœurs de Charité, honorez et consolez les pauvres; on les console avec des riens; ils ne sont pas bien exigeants.

« Le pauvre a généralement sous les yeux des femmes point aimables, aigries par la souffrance, de mauvaise humeur presque toujours. Montrez-lui une religieuse douce, aimable, point rechignée, point grondeuse, une vraie consolatrice, l'amie des pauvres gens. Riez un peu avec lui, et il s'écriera : « Oh! la bonne religieuse! »

« Si la chose peut se faire, assistez au convoi funèbre des pauvres morts. Les familles pauvres sont flattées de cet honneur. »

XVII

Conclusion.

Nous nous arrêtons, bien à regret; mais il faut finir. Une lettre du bon Père se termine par un tableau d'une simplicité magnifique. Il y dépeint la récompense réservée à ses Filles, et, sans y songer, il nous montre quelle couronne de gloire doit aussi ceindre son front :

« Ah! mes chères Filles, quelle récompense vous attend! Écoutez les belles paroles que le bon Seigneur Jésus vous adressera quand, quittant la terre, vous paraîtrez devant lui : « Viens, bonne et fidèle servante, entre dans la joie de ton Seigneur! Viens, la bénie de mon Père, possède le royaume qui t'a été préparé dès le commencement du monde. J'ai eu faim, et tu m'as donné à manger; j'ai eu soif, et tu m'as donné à boire; j'étais étranger, et tu m'as recueilli; j'ai été malade, et tu m'as visité dans mes pauvres. Viens monter sur ton trône. »

« Alors la petite servante des créatures, qui l'ont quelquefois méprisée; la petite servante des pauvres, précédée par son céleste Époux, se lèvera, accompagnée de toutes les âmes du purgatoire qu'elle aura délivrées, de toutes les âmes des pauvres qu'elle aura sauvées par son dévouement, de toutes les âmes des orphelins qu'elle aura recueillis et arrachés à l'enfer par une bonne éducation; elle montera sur son trône, et elle régnera dans les siècles éternels!

« O reines déjà placées, ou qui serez placées bientôt sur des trônes immortels, celui qui écrit ces lignes vous adresse la prière que le bon larron adressait à Notre-Seigneur sur la croix : « Seigneur, sou-
« venez-vous de moi lorsque vous serez arrivé dans
« votre royaume! »

« O reines dans le ciel, quand vous serez arrivées dans votre royaume, souvenez-vous de celui qui a été vous chercher dans votre chaumière ou dans le service des hommes, pour vous élever au rang des princes, des princes du peuple de Dieu : *Suscitans a terra inopem, et de stercore erigens pauperem; ut collocet eum cum principibus, cum principibus populi sui.* »

21595. — Tours, imp. Mame.

TOURS — IMPRIMERIE MAME.

www.ingramcontent.com/pod-product-compliance
Ingram Content Group UK Ltd.
Pitfield, Milton Keynes, MK11 3LW, UK
UKHW021656260726
13994UKWH00003B/1499